화엄경 제55권(이세간품 38-3) 해설

여기도 앞에서부터 문답해온 답변이 계속된다. 10종 하열심으로부터 10종 자재까지 열 다섯가지 법문이 나열되어 있는데, 간단히 제목들을 만들어보면 다음과 같다.

10종 무하열심: pp.1~9   10종 如山增上心: pp.9~22

10종 여래지: pp.23~37   10종 여보주: pp.38~48

10종 여금강대승서원심: pp.48~64   10종 대발기: pp.64~73

10종 구경대사: pp.73~75   10종 불괴신: pp.75~76

10종 수기: pp.77~78   10종 선근회향: pp.78~81

10종 득지혜: pp.81~84   10종 발무량무변광대심: pp.84~86

10종 복장: pp.87~89   10종 율의: pp.89~91

10종 자재: pp.91~93

離世間品 第三十八之三

佛子菩薩摩訶薩發十種無下劣心何等為十佛子菩薩摩訶薩作如是念我當降伏一切魔及其眷屬是為第一無下劣心又作是念我當悉破一切外道及其邪法

사경의 공덕은 십만억 부처님께 공양한 것과 같은 공덕이 있습니다.

積적	四사	法법	劣렬	喩유	念념	是시
集집	無무	界계	心심	皆개	我아	爲위
一일	下하	一일	又우	令령	當당	第제
切체	劣렬	切체	作작	歡환	於어	二이
福복	心심	波바	是시	喜희	一일	無무
德덕	又우	羅라	念념	是시	切체	下하
藏장	作작	蜜밀	我아	爲위	衆중	劣렬
是시	是시	行행	當당	第제	生생	心심
爲위	念념	是시	成성	三삼	善선	又우
第제	我아	爲위	滿만	無무	言언	作작
五오	當당	第제	徧변	下하	開개	是시

사경의 공덕은 십만억 부처님께 공양한 것과 같은 공덕이 있습니다.

念 념	是 시	上 상	作 작	圓 원	提 리	無 무
一 일	爲 위	調 조	是 시	滿 만	廣 광	下 하
切 체	第 제	伏 복	念 념	是 시	大 대	劣 렬
世 세	七 칠	敎 교	我 아	爲 위	難 난	心 심
界 계	無 무	化 화	當 당	第 제	成 성	又 우
種 종	下 하	調 조	以 이	六 륙	我 아	作 작
種 종	劣 렬	伏 복	無 무	無 무	當 당	是 시
不 부	心 심	一 일	上 상	下 하	修 수	念 념
同 동	又 우	切 체	敎 교	劣 렬	行 행	無 무
我 아	作 작	衆 중	化 화	心 심	悉 실	上 상
當 당	是 시	生 생	無 무	又 우	令 령	菩 보

사경의 공덕은 십만억 부처님께 공양한 것과 같은 공덕이 있습니다.

但(단) 皆(개) 象(상) 乞(걸) 菩(보) 八(팔) 以(이)
爲(위) 能(능) 馬(마) 手(수) 薩(살) 無(무) 無(무)
利(이) 捨(사) 乃(내) 足(족) 行(행) 下(하) 量(량)
益(익) 不(불) 至(지) 耳(이) 時(시) 劣(렬) 身(신)
一(일) 生(생) 王(왕) 鼻(비) 若(약) 心(심) 成(성)
切(체) 一(일) 位(위) 血(혈) 有(유) 又(우) 等(등)
衆(중) 念(념) 如(여) 肉(육) 衆(중) 作(작) 正(정)
生(생) 憂(우) 是(시) 骨(골) 生(생) 是(시) 覺(각)
不(불) 悔(회) 一(일) 髓(수) 來(내) 念(념) 是(시)
求(구) 之(지) 切(체) 妻(처) 從(종) 我(아) 爲(위)
果(과) 心(심) 悉(실) 子(자) 我(아) 修(수) 第(제)

사경의 공덕은 십만억 부처님께 공양한 것과 같은 공덕이 있습니다.   大方廣佛華嚴經 4

報	爲	三	法	世	一	一
보	위	삼	법	세	일	일
以	第	世	一	間	切	切
이	제	세	일	간	체	체
大	九	所	切	一	法	寂
대	구	소	체	일	법	적
悲	無	有	衆	切	界	滅
비	무	유	중	체	계	멸
爲	下	一	生	三	一	涅
위	하	일	생	삼	일	열
首	劣	切	一	世	切	槃
수	렬	체	일	세	체	반
大	心	諸	切	一	語	界
대	심	제	체	일	어	계
慈	又	佛	國	切	言	如
자	우	불	국	체	언	여
究	作	一	土	虛	施	是
구	작	일	토	허	시	시
竟	是	切	一	空	設	一
경	시	체	일	공	설	일
是	念	佛	切	界	界	切
시	념	불	체	계	계	체

사경의 공덕은 십만억 부처님께 공양한 것과 같은 공덕이 있습니다.

一	二	界	別	悉	慧	種
切	智	非	無	斷	悉	種
相	知	有	種	然	知	諸
以	一	非	種	於	悉	法
無	切	無	差	其	覺	我
分	二	非	別	中	悉	當
別	以	一	無	無	見	以
智	無	非	功	分	悉	一
知	相	二	德	別	證	念
一	智	以	無	離	悉	相
切	知	不	境	分	修	應

사경의 공덕은 십만억 부처님께 공양한 것과 같은 공덕이 있습니다.

住 주	切 체	一 일	智 지	世 세	無 무	分 분
處 처	執 집	切 체	知 지	間 간	差 차	別 별
以 이	着 착	衆 중	一 일	智 지	別 별	以 이
無 무	以 이	生 생	切 체	知 지	智 지	無 무
雜 잡	無 무	以 이	世 세	一 일	知 지	異 이
染 염	住 주	無 무	以 이	切 체	一 일	智 지
智 지	處 처	執 집	無 무	世 세	切 체	知 지
知 지	智 지	着 착	衆 중	間 간	差 차	一 일
一 일	知 지	智 지	生 생	以 이	別 별	切 체
切 체	一 일	知 지	智 지	無 무	以 이	異 이
雜 잡	切 체	一 일	知 지	世 세	無 무	以 이

染	竟	身	音	以	一	言
염	경	신	음	이	일	언
以	法	以	以	一	切	說
이	법	이	이	일	체	설
無	界	離	一	境	法	證
무	계	이	일	경	법	증
盡	智	言	自	界	不	一
진	지	언	자	계	불	일
智	於	音	性	智	可	切
지	어	음	성	지	가	체
知	一	智	智	現	說	智
지	일	지	지	현	설	지
一	切	示	入	種	而	地
일	체	시	입	종	이	지
切	世	不	於	種	現	爲
체	세	불	어	종	현	위
盡	界	可	無	境	大	敎
진	계	가	무	경	대	교
以	示	說	自	界	自	化
이	시	설	자	계	자	화
究	現	言	性	知	在	調
구	현	언	성	지	재	조

사경의 공덕은 십만억 부처님께 공양한 것과 같은 공덕이 있습니다.

	上상	菩보	訶가	無무	示시	伏복
佛불	無무	薩살	薩살	下하	現현	一일
子자	下하	安안	發발	劣렬	大대	切체
菩보	劣렬	住주	十십	心심	神신	衆중
薩살	佛불	此차	種종	佛불	通통	生생
摩마	法법	心심	無무	子자	變변	故고
訶하		則즉	下하	是시	化화	於어
薩살		得득	劣렬	爲위	是시	一일
於어		一일	心심	菩보	爲위	切체
阿아		切체	若약	薩살	第제	世세
耨뇩		最최	諸제	摩마	十십	間간

사경의 공덕은 십만억 부처님께 공양한 것과 같은 공덕이 있습니다.

無무	是시	恒항	智지	薩살	山산	多다
量량	爲위	觀관	法법	摩마	增증	羅라
劫겁	第제	一일	是시	訶하	上상	三삼
行행	二이	切체	爲위	薩살	心심	藐막
菩보	如여	法법	第제	常상	何하	三삼
薩살	山산	本본	一일	作작	等등	菩보
行행	增증	性성	如여	意의	爲위	提리
修수	上상	空공	山산	勤근	十십	有유
一일	心심	無무	增증	修수	佛불	十십
切체	願원	所소	上상	一일	子자	種종
白백	於어	得득	心심	切체	菩보	如여

사경의 공덕은 십만억 부처님께 공양한 것과 같은 공덕이 있습니다.

是	曾	希	故	如	見	淨
爲	有	求	等	山	如	法
第	意	無	心	增	來	以
四	一	盜	敬	上	無	住
如	切	法	奉	心	量	一
山	所	心	諸	爲	智	切
增	有	唯	善	求	慧	白
上	悉	生	知	一	是	淨
心	皆	尊	識	切	爲	法
若	能	重	無	佛	第	故
有	捨	希	異	法	三	知

사경의 공덕은 십만억 부처님께 공양한 것과 같은 공덕이 있습니다.

離以弘心悉其衆
捨故誓生皆形生
成菩更瞋能體罵
就薩令害受乃辱
故於增心終至毀
證一長亦不斷謗
得切無不因命打
一法有退此如棒
切如休捨生是屠
諸實息大動等割
如出何悲亂事苦

增 증	增 증	增 증	天 천	詞 하	爲 위	來 래
上 상	上 상	上 상	增 증	薩 살	第 제	法 법
功 공	功 공	功 공	上 상	成 성	五 오	忍 인
德 덕	德 덕	德 덕	功 공	就 취	如 여	辱 욕
自 자	欲 욕	力 력	德 덕	增 증	山 산	柔 유
在 재	增 증	增 증	人 인	上 상	增 증	和 화
增 증	上 상	上 상	增 증	大 대	上 상	己 이
上 상	功 공	功 공	上 상	功 공	心 심	自 자
功 공	德 덕	德 덕	功 공	德 덕	菩 보	在 재
德 덕	王 왕	眷 권	德 덕	所 소	薩 살	故 고
福 복	位 위	屬 속	色 색	謂 위	摩 마	是 시

사경의 공덕은 십만억 부처님께 공양한 것과 같은 공덕이 있습니다.

法 법	趣 취	深 심	着 착	此 차	雖 수	德 덕
爲 위	向 향	樂 락	欲 욕	而 이	復 부	增 증
救 구	隨 수	法 법	不 불	生 생	成 성	上 상
以 이	法 법	隨 수	着 착	染 염	就 취	功 공
法 법	究 구	法 법	財 재	着 착	如 여	德 덕
爲 위	竟 경	去 거	富 부	所 소	是 시	智 지
歸 귀	以 이	隨 수	不 불	謂 위	功 공	慧 혜
以 이	法 법	法 법	着 착	不 불	德 덕	增 증
法 법	爲 위	住 주	眷 권	着 착	終 종	上 상
爲 위	依 의	隨 수	屬 속	味 미	不 불	功 공
舍 사	以 이	法 법	但 단	不 불	於 어	德 덕

사경의 공덕은 십만억 부처님께 공양한 것과 같은 공덕이 있습니다.

切過境受　法守
切過境受　法守
衆去界種佛　護
生世何種子　法
皆發以法菩　愛
悉如故樂薩　樂
永是菩而摩　法
離心薩常訶　希
衆我摩遠薩　求
魔當訶離雖　法
境令薩衆復　思
界一於魔具　惟

사경의 공덕은 십만억 부처님께 공양한 것과 같은 공덕이 있습니다.

住住佛境界故 是爲第六 如山增

上心菩薩 爲於求無量耨

多羅三藐三菩提 摩訶薩已爲匪量

阿僧祇三菩薩 菩提已精勤耨

懈猶謂我今始發阿耨多羅

三藐三菩提心 行行發阿道精勤耨多羅亦

不驚亦不怖亦不畏雖能

念	提	菩	如	一	度	爲
념	리	보	여	일	도	위
卽	然	薩	山	切	不	其
즉	연	살	산	체	불	기
成	爲	行	增	衆	能	發
성	위	행	증	중	능	발
阿	衆	無	上	生	知	大
아	중	무	상	생	지	대
耨	生	有	心	性	恩	誓
녹	생	유	심	성	은	서
多	故	休	菩	不	不	願
다	고	휴	보	불	불	원
羅	於	息	薩	和	能	欲
라	어	식	살	화	능	욕
三	無	是	摩	善	報	令
삼	무	시	마	선	보	령
藐	量	爲	訶	難	恩	皆
막	량	위	하	난	은	개
三	劫	第	薩	調	是	得
삼	겁	제	살	조	시	득
菩	行	七	知	難	故	心
보	행	칠	지	난	고	심

사경의 공덕은 십만억 부처님께 공양한 것과 같은 공덕이 있습니다.

未미	發발	心심	復부	八팔	不불	意의
來래	心심	亦역	作작	如여	於어	自자
劫겁	集집	不불	是시	山산	他타	在재
行행	諸제	待대	念념	增증	所소	所소
菩보	佛불	人인	非비	上상	生생	行행
薩살	法법	助조	他타	心심	諸제	無무
道도	誓서	我아	令령	菩보	煩번	礙애
成성	期기	修수	我아	薩살	惱뇌	捨사
阿아	自자	行행	發발	摩마	是시	離리
耨녹	勉면	我아	菩보	訶하	爲위	惡악
多다	盡진	自자	提리	薩살	第제	念념

사경의 공덕은 십만억 부처님께 공양한 것과 같은 공덕이 있습니다.

修수	摩마	是시	當당	當당	菩보	羅라
菩보	訶하	爲위	悉실	知지	薩살	三삼
薩살	薩살	第제	與여	自자	行행	藐막
行행	作작	九구	三삼	境경	當당	三삼
無무	如여	如여	世세	界계	淨정	菩보
有유	是시	山산	諸제	亦역	自자	提리
一일	觀관	增증	佛불	知지	心심	是시
法법	無무	上상	境경	他타	亦역	故고
滿만	有유	心심	界계	境경	淨정	我아
菩보	一일	菩보	平평	界계	他타	今금
薩살	法법	薩살	等등	我아	心심	修수

行	衆	切	羅	成	說	捨
행	중	체	라	성	설	사
無	生	諸	三	無	者	阿
무	생	제	삼	무	자	아
有	無	佛	藐	有	及	耨
유	무	불	막	유	급	녹
一	有	無	三	一	法	多
일	유	무	삼	일	법	다
法	一	有	菩	法	俱	羅
법	일	유	보	법	구	라
敎	法	一	提	已	不	三
교	법	일	리	이	불	삼
化	供	法	已	說	可	藐
화	공	법	이	설	가	막
調	養	於	成	今	得	三
조	양	어	성	금	득	삼
伏	恭	阿	今	說	而	菩
복	공	아	금	설	이	보
一	敬	耨	成	當	亦	提
일	경	녹	성	당	역	리
切	一	多	當	說	不	願
체	일	다	당	설	불	원

사경의 공덕은 십만억 부처님께 공양한 것과 같은 공덕이 있습니다.

何	所	藐	得	對	切	不
하	소	먁	득	대	체	부
以	得	三	而	治	具	作
이	득	삼	이	치	구	작
故	如	菩	勤	智	足	是
고	여	보	근	지	족	시
菩	是	提	修	慧	其	念
보	시	리	수	혜	기	념
薩	出	是	習	圓	心	若
살	출	시	습	원	심	약
求	生	故	增	滿	於	一
구	생	고	증	만	어	일
一	阿	於	上	念	此	切
일	아	어	상	념	차	체
切	耨	法	善	念	不	法
체	녹	법	선	념	불	법
法	多	雖	業	增	驚	皆
법	다	수	업	증	경	개
皆	羅	無	淸	長	不	悉
개	라	무	청	장	불	실
無	三	所	淨	一	怖	寂
무	삼	소	정	일	포	적

사경의 공덕은 십만억 부처님께 공양한 것과 같은 공덕이 있습니다.

王(왕)	其(기)	如(여)	阿(아)		之(지)	滅(멸)
增(증)	中(중)	山(산)	耨(녹)	佛(불)	道(도)	我(아)
上(상)	則(즉)	增(증)	多(다)	子(자)	是(시)	有(유)
心(심)	得(득)	上(상)	羅(라)	是(시)	爲(위)	何(하)
	如(여)	心(심)	三(삼)	爲(위)	第(제)	義(의)
	來(래)	若(약)	藐(막)	菩(보)	十(십)	求(구)
	無(무)	諸(제)	三(삼)	薩(살)	如(여)	於(어)
	上(상)	菩(보)	菩(보)	摩(마)	山(산)	無(무)
	大(대)	薩(살)	提(리)	訶(하)	增(증)	上(상)
		智(지)	安(안)	十(십)	薩(살)	上(상)	菩(보)
		山(산)	住(주)	種(종)	於(어)	心(심)	提(리)

사경의 공덕은 십만억 부처님께 공양한 것과 같은 공덕이 있습니다.

入佛子(입불자) 菩薩摩訶薩(보살마하살) 有十種(유십종) 入(입) 何等(하등) 爲十(위십) 所謂(소위) 入一切世界(입일체세계) 入一切衆生界(입일체중생계) 入一切法界(입일체법계) 入一切三世(입일체삼세) 入一切衆生業報智(입일체중생업보지) 入一切衆生心行智(입일체중생심행지) 入一切佛本願智海(입일체불본원지해) 入一切佛智海無量(입일체불지해무량) 入一切智海(입일체지해) 是爲第一(시위제일) 第二(제이) 如海智(여해지) 而知不起一切分別(이지불기일체분별) 虛空界(허공계) 無量無礙(무량무애) 普入(보입) 十方(십방) 一

사경의 공덕은 십만억 부처님께 공양한 것과 같은 공덕이 있습니다.

現현	智지	入입	無무	所소	海해	切체
在재	菩보	悉실	量량	謂위	智지	差차
諸제	薩살	了료	入입	無무	菩보	別별
佛불	摩마	知지	不불	礙애	薩살	世세
菩보	訶하	故고	生생	入입	摩마	界계
薩살	薩살	是시	入입	不부	訶하	網망
法법	於어	爲위	不불	斷단	薩살	是시
師사	過과	第제	滅멸	入입	善선	爲위
聲성	去거	四사	入입	不불	入입	第제
聞문	未미	如여	一일	常상	法법	三삼
獨독	來래	海해	切체	入입	界계	如여

사경의 공덕은 십만억 부처님께 공양한 것과 같은 공덕이 있습니다.

皆개	說설	說설	成성	耨녹	集집	覺각
悉실	當당	法법	當당	多다	現현	及급
了료	說설	調조	成성	羅라	集집	一일
知지	所소	伏복	所소	三삼	當당	切체
深심	有유	一일	有유	藐막	集집	凡범
信신	善선	切체	善선	三삼	三삼	夫부
隨수	根근	衆중	根근	菩보	世세	所소
喜희	於어	生생	三삼	提리	諸제	集집
願원	彼피	已이	世세	已이	佛불	善선
樂락	一일	說설	諸제	成성	於어	根근
修수	切체	今금	佛불	今금	阿아	已이

大方廣佛華嚴經

사경의 공덕은 십만억 부처님께 공양한 것과 같은 공덕이 있습니다.

切체	是시	衆중	會회	出출	不불	不불
諸제	一일	生생	聲성	興흥	可가	可가
劫겁	切체	壽수	聞문	于우	說설	量량
皆개	悉실	命명	菩보	世세	超초	或혹
亦역	皆개	延연	薩살	及급	過과	不불
如여	明명	促촉	說설	彼피	算산	可가
是시	見견	法법	法법	諸제	數수	說설
其기	如여	住주	調조	佛불	諸제	或혹
無무	一일	久구	伏복	道도	佛불	不불
佛불	劫겁	近근	一일	場량	世세	可가
劫겁	一일	如여	切체	衆중	尊존	說설

사경의 공덕은 십만억 부처님께 공양한 것과 같은 공덕이 있습니다.

所有眾生有於阿耨多羅三

藐三菩提種諸善根善根亦

已亦於未了了

知若有眾生善根熟已於未了

如來世當得見佛亦悉了知如

是觀察過去世不可說不可

說劫心無厭足是為第六如

海智菩薩摩訶薩入未來世

사경의 공덕은 십만억 부처님께 공양한 것과 같은 공덕이 있습니다.

觀	邊	劫	名	何	觀	可
察	知	有	號	度	察	窮
分	何	幾	何	幾	盡	盡
別	劫	如	等	眾	未	而
一	有	來	住	生	來	無
切	佛	出	何	壽	際	厭
諸	何	世	世	命	皆	足
劫	劫	一	界	幾	悉	是
無	無	一	世	時	了	爲
量	佛	如	界	如	知	第
無	何	來	名	是	不	七

사경의 공덕은 십만억 부처님께 공양한 것과 같은 공덕이 있습니다.

大方廣佛華嚴經 29

如 世 十 皆 今 下 縟
海 觀 方 有 成 坐 多
智 察 無 諸 當 吉 羅
菩 思 邊 佛 成 祥 三
薩 惟 品 於 往 草 藐
摩 於 類 無 詣 降 三
訶 念 不 上 道 伏 菩
薩 念 可 菩 場 魔 提
入 中 說 提 菩 軍 從
普 世 已 提 成 此
現 見 界 成 樹 阿 起

사경의 공덕은 십만억 부처님께 공양한 것과 같은 공덕이 있습니다.

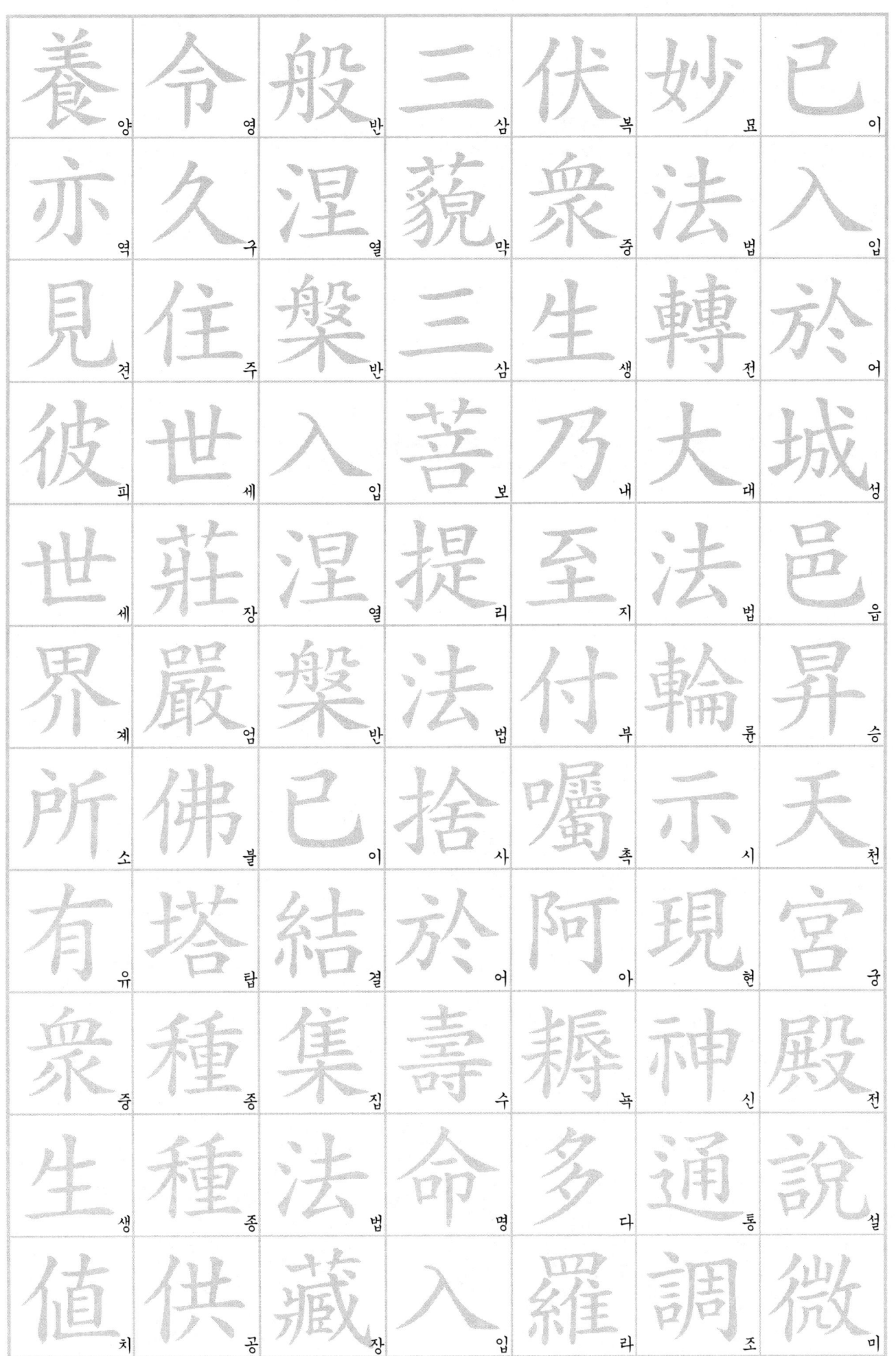

養양	令영	般반	三삼	伏복	妙묘	已이
亦역	久구	涅열	藐막	衆중	法법	入입
見견	住주	槃반	三삼	生생	轉전	於어
彼피	世세	入입	菩보	乃내	大대	城성
世세	莊장	涅열	提리	至지	法법	邑읍
界계	嚴엄	槃반	法법	付부	輪륜	昇승
所소	佛불	已이	捨사	囑촉	示시	天천
有유	塔탑	結결	於어	阿아	現현	宮궁
衆중	種종	集집	壽수	耨녹	神신	殿전
生생	種종	法법	命명	多다	通통	說설
值치	供공	藏장	入입	羅라	調조	微미

사경의 공덕은 십만억 부처님께 공양한 것과 같은 공덕이 있습니다.

身신	恭공	悉실	故고	方방	增증	佛불
不불	敬경	如여	菩보	而이	長장	聞문
着착	供공	夢몽	薩살	於어	慧혜	法법
諸제	養양	而이	摩마	佛불	解해	受수
佛불	菩보	能능	訶하	法법	如여	持지
不불	薩살	往왕	薩살	無무	是시	諷풍
着착	爾이	詣예	了요	有유	觀관	誦송
世세	時시	一일	知지	錯착	察찰	憶억
界계	不불	切체	諸제	謬류	普보	念념
不불	着착	佛불	佛불	何하	徧변	思사
着착	自자	所소	皆개	以이	十시	惟유

사경의 공덕은 십만억 부처님께 공양한 것과 같은 공덕이 있습니다.

現현	不불	可가	智지	數수	見견	衆중
自자	可가	說설	菩보	無무	佛불	會회
身신	說설	劫겁	薩살	有유	聞문	不불
歿몰	不불	一일	摩마	厭염	法법	着착
此차	可가	一일	訶하	足족	觀관	說설
生생	說설	劫겁	薩살	是시	察찰	法법
彼피	無무	中중	於어	爲위	世세	不불
以이	量량	供공	不불	第제	界계	着착
出출	諸제	養양	可가	八팔	入입	劫겁
過과	佛불	恭공	說설	如여	諸제	數수
三삼	示시	敬경	不불	海해	劫겁	然연

사경의 공덕은 십만억 부처님께 공양한 것과 같은 공덕이 있습니다.

大方廣佛華嚴經 33

界一切供具而爲供養幷及供養菩薩聲聞一切大衆一如來般涅槃後皆以無上供具供養舍利及廣行惠施滿足衆生佛子菩薩摩訶薩以不可思議心不求報心究竟心饒益心於不可說不可

사경의 공덕은 십만억 부처님께 공양한 것과 같은 공덕이 있습니다.

大方廣佛華嚴經

說가 提보 持호 如구 佛불 所소 薩살
劫겁 故고 正정 海해 所소 一일 所소
爲위 供공 法법 智지 一일 向향 學학
阿아 養양 開개 菩보 切체 專전 法법
耨아 諸제 示시 薩살 菩보 求구 菩보
多다 佛불 演연 摩마 薩살 菩보 薩살
羅라 饒요 說설 訶하 所소 薩살 所소
三삼 益익 是시 薩살 一일 所소 教교
藐막 衆중 爲위 於어 切체 說설 法법
三삼 生생 第제 一일 法법 法법 菩보
菩보 護호 九구 切체 師사 菩보 薩살

사경의 공덕은 십만억 부처님께 공양한 것과 같은 공덕이 있습니다.

사경의 공덕은 십만억 부처님께 공양한 것과 같은 공덕이 있습니다.

則즉	如여	種종		是시	不불	菩보
得득	海해	入입	佛불	爲위	可가	提리
一일	智지	阿아	子자	第제	說설	得득
切체	若약	耨녹	是시	十십	不불	不불
諸제	諸제	多다	爲위	如여	可가	退퇴
佛불	菩보	羅라	菩보	海해	說설	轉전
無무	薩살	三삼	薩살	智지	劫겁	菩보
上상	安안	藐막	摩마		無무	薩살
大대	住주	三삼	訶하		有유	如여
智지	此차	菩보	薩살		厭염	是시
慧혜	法법	提리	十십		足족	於어

사경의 공덕은 십만억 부처님께 공양한 것과 같은 공덕이 있습니다.

海佛子菩薩摩訶薩有十種阿耨多羅三藐三菩提訶薩何等爲十佛子菩薩摩訶薩寶多羅三藐三菩提有十種阿耨訶薩佛子菩薩摩訶薩寶住佛無數世界諸摩詞薩能悉瞻觀往詣禮承事供養如來所悉能瞻觀往詣禮承事供養如是爲第一如寶住於不思議

사경의 공덕은 십만억 부처님께 공양한 것과 같은 공덕이 있습니다.

諸	念	增	爲	處	是	出
제	념	증	위	처	시	출
如	不	長	第	現	爲	一
여	불	장	제	현	위	일
來	令	如	二	生	第	切
래	령	여	이	생	제	체
所	忘	是	如	而	三	法
소	망	시	여	이	삼	법
聽	失	所	寶	於	如	而
청	실	소	보	어	여	이
聞	分	作	住	佛	寶	能
문	분	작	주	불	보	능
正	別	充	於	法	住	各
정	별	충	어	법	주	각
法	思	滿	此	無	知	各
법	사	만	차	무	지	각
受	惟	十	刹	所	從	分
수	유	시	찰	소	종	분
持	覺	方	歿	迷	一	別
지	각	방	몰	미	일	별
憶	慧	是	餘	惑	法	演
억	혜	시	여	혹	법	연

사경의 공덕은 십만억 부처님께 공양한 것과 같은 공덕이 있습니다.

令영	際제	薩살	防방	知지	是시	說설
往왕	彼피	行행	護호	厭염	一일	以이
昔석	岸안	不부	煩번	離리	義의	一일
願원	方방	證증	惱뇌	煩번	故고	切체
行행	便편	實실	知지	惱뇌	是시	法법
皆개	善선	際제	除제	知지	爲위	種종
得득	巧교	究구	斷단	止지	第제	種종
成성	善선	竟경	煩번	息식	四사	義의
滿만	學학	到도	惱뇌	煩번	如여	究구
身신	所소	於어	修수	惱뇌	寶보	竟경
不불	學학	實실	菩보	知지	住주	皆개

疲피	切체	而이	別별	衆중	爲위	同동
倦권	衆중	亦역	無무	生생	第제	一일
是시	說설	所소	而이	六륙	性성
爲위	心심	有유	造조	有유	如여	所소
第제	所소	種종	作작	修수	寶보	謂위
五오	分분	種종	爲위	行행	住주	無무
如여	別별	方방	欲욕	而이	知지	性성
寶보	皆개	處처	調조	有유	一일	無무
住주	無무	雖수	伏복	所소	切체	種종
知지	處처	無무	一일	作작	法법	種종
一일	所소	分분	切체	是시	皆개	性성

是시	法법	覺각	諸제	皆개	稱칭	無무
世세	此차	法법	佛불	不불	量량	無무
間간	是시	此차	法법	可가	性성	量량
法법	善선	是시	此차	得득	無무	性성
此차	法법	聲성	是시	而이	色색	無무
是시	此차	聞문	菩보	決결	無무	可가
出출	是시	法법	薩살	定정	相상	算산
世세	不불	此차	法법	了료	若약	數수
間간	善선	是시	此차	知지	一일	性성
法법	法법	凡범	是시	此차	若약	無무
此차	此차	夫부	獨독	是시	多다	可가

사경의 공덕은 십만억 부처님께 공양한 것과 같은 공덕이 있습니다.

而이	求구	求구	爲위	此차	是시	是시
亦역	法법	佛불	第제	是시	有유	過과
不불	不불	不불	七칠	有유	漏루	失실
捨사	可가	可가	如여	爲위	法법	法법
調조	得득	得득	寶보	法법	此차	此차
伏복	求구	求구	住주	此차	是시	是시
衆중	衆중	菩보	菩보	是시	無무	無무
生생	生생	薩살	薩살	無무	漏루	過과
令영	不불	不불	摩마	爲위	法법	失실
於어	可가	可가	訶하	法법	乃내	法법
諸제	得득	得득	薩살	是시	至지	此차

사경의 공덕은 십만억 부처님께 공양한 것과 같은 공덕이 있습니다.

法	訶	分	化	衆	是	薩
成	薩	別	導	生	爲	知
正	善	知	令	願	第	善
覺	巧	一	得	熾	八	巧
願	觀	切	涅	然	如	說
何	察	衆	槃	修	寶	法
以	知	生	爲	行	住	示
故	一	境	欲	菩	菩	現
菩	切	界	滿	薩	薩	涅
薩	衆	方	足	行	摩	槃
摩	生	便	化	故	訶	爲

所	今	無	法	誑	心	度
修	受	住	三	何	想	衆
行	化	不	世	以	建	生
無	當	見	平	故	立	所
有	受	有	等	菩	非	有
少	化	一	如	薩	是	方
法	亦	衆	如	了	顛	便
若	自	生	不	知	倒	一
生	了	已	動	一	亦	切
若	知	受	實	切	非	皆
滅	無	化	際	諸	虛	是

사경의 공덕은 십만억 부처님께 공양한 것과 같은 공덕이 있습니다.

不可說劫常如是聞聞已	不同從於一劫乃至不可	可說授記法名號各異劫	諸佛一一佛所聞不可	菩薩摩訶薩於佛薩所不思議無	所願不空是爲第九如寶	而可得者而依於一切法

読み: 불가설겁 상여시 문문이 / 부동 종어 일겁 내지 불가 / 가설 수기 법명호 각이 겁 / 제불 일일 불소 불가 / 보살 마하살 어불 살 시 위 / 소원 불공 시위 제구 여 보 / 이 가득 자 이 의 어 일체 법

사경의 공덕은 십만억 부처님께 공양한 것과 같은 공덕이 있습니다.

	故	藐	隨	無	來	行
佛	是	三	應	二	智	不
子	爲	菩	受	故	不	驚
是	第	提	化	自	思	不
爲	十	滿	令	身	議	怖
菩	如	等	成	行	故	不
薩	寶	法	阿	願	如	迷
摩	住	界	耨	殊	來	不
訶		一	多	勝	授	惑
薩		切	羅	力	記	知
於		願	三	故	言	如

사경의 공덕은 십만억 부처님께 공양한 것과 같은 공덕이 있습니다.

阿耨多羅三藐三菩提 此法寶 住安住 智慧 種十 如寶 金剛 佛 則得 諸住 佛 無諸 上 菩薩 大 發 十種 如是 念 一 佛

阿	如	則	子	剛	子	切
耨	寶	得	菩	大	諸
多	住	諸	薩	乘	法
羅	若	佛	摩	誓	摩	無
三	諸	無	訶	願	訶	有
藐	菩	上	薩	心	薩	邊
三	薩	大	發	何	作	際
菩	安	智	十	等	如	不
提	住	慧	種	爲	是	可
十	此	寶	如	十	念	窮
種	法	佛	金	佛	一	盡

사경의 공덕은 십만억 부처님께 공양한 것과 같은 공덕이 있습니다.

大方廣佛華嚴經

我無大作無當是
當有乘是邊皆爲
以遺誓念衆以第
盡餘願於無二
三是心一上如
世爲菩毛況涅金
智第薩端一槃剛
普一摩處切而大
如如訶有法滅乘
皆金薩無界度誓
了剛又量我之願

사경의 공덕은 십만억 부처님께 공양한 것과 같은 공덕이 있습니다.

大方廣佛華嚴經 49

薩	第	界	最	不	方	心
摩	三	所	上	可	世	菩
訶	如	有	莊	窮	界	薩
薩	金	莊	嚴	盡	無	摩
又	剛	嚴	莊	我	量	訶
作	大	皆	嚴	當	無	薩
是	乘	悉	如	以	邊	又
念	誓	眞	是	諸	無	作
一	願	實	一	佛	有	是
切	心	是	切	國	齊	念
衆	菩	爲	世	土	限	十

可(가) 諸(제) 菩(보) 爲(위) 於(어) 窮(궁) 生(생)
窮(궁) 佛(불) 薩(살) 第(제) 彼(피) 盡(진) 無(무)
盡(진) 無(무) 摩(마) 四(사) 無(무) 我(아) 量(량)
我(아) 量(량) 訶(하) 如(여) 上(상) 當(당) 無(무)
當(당) 無(무) 薩(살) 金(금) 智(지) 以(이) 邊(변)
以(이) 邊(변) 又(우) 剛(강) 光(광) 一(일) 無(무)
所(소) 無(무) 作(작) 大(대) 照(조) 切(체) 有(유)
種(종) 有(유) 是(시) 乘(승) 耀(요) 善(선) 齊(제)
善(선) 齊(제) 念(념) 誓(서) 於(어) 根(근) 限(한)
根(근) 限(한) 一(일) 願(원) 彼(피) 廻(회) 不(불)
廻(회) 不(불) 切(체) 心(심) 是(시) 向(향) 可(가)

사경의 공덕은 십만억 부처님께 공양한 것과 같은 공덕이 있습니다.

來래	喜희	見견	乘승	三삼	然연	向향
身신	不불	一일	誓서	菩보	後후	供공
非비	着착	切체	願원	提리	我아	養양
實실	自자	佛불	心심	是시	當당	悉실
非비	身신	聞문	佛불	爲위	成성	令령
虛허	不불	所소	子자	第제	阿아	周주
非비	着착	說설	菩보	五오	耨녹	徧변
有유	佛불	法법	薩살	如여	多다	無무
非비	身신	生생	摩마	金금	羅라	所소
無무	解해	大대	訶하	剛강	三삼	闕궐
非비	如여	歡환	薩살	大대	藐먁	少소

사경의 공덕은 십만억 부처님께 공양한 것과 같은 공덕이 있습니다.

性非無性非色非無色非相
성비무성비색비무색비상

非無相非生非滅實無所有
비무상비생비멸실무소유

亦不壞有何以故不可以一
역불괴유하이고불가이일

切性相而取着故是爲第六
체성상이취착고시위제육

如金剛大乘誓願心佛子菩
여금강대승서원심불자보

薩摩訶薩或被衆生訶罵毀
살마하살혹피중생가매훼

呰撾打楚撻或截手足或割
자과타초달혹절수족혹할

사경의 공덕은 십만억 부처님께 공양한 것과 같은 공덕이 있습니다.

有訶生無生是耳
二薩恒央憙一鼻
相已無數害切或
心善廢劫心皆挑
不觀捨修於能其
動察何菩不忍目
亂一以薩可受或
能切故行說終級
捨諸菩攝不不其
自法薩受可因頭
身無摩衆說此如

大方廣佛華嚴經

忍	大	薩	無	當	道	界
其	乘	又	邊	盡	敎	虛
苦	誓	作	無	彼	化	空
故	願	是	有	劫	衆	界
是	心	念	齊	於	生	一
爲	佛	未	限	一	如	切
第	子	來	不	世	一	世
七	菩	世	可	界	世	界
如	薩	劫	窮	行	界	悉
金	摩	無	盡	菩	盡	亦
剛	訶	量	我	薩	法	如

사경의 공덕은 십만억 부처님께 공양한 것과 같은 공덕이 있습니다.

是故而心不驚不怖不畏何以故為第一佛子乘大乘而修道法故應如是為阿耨多羅三藐三菩提作誓願以是念心為本心多薩如金剛薩大心願故是如是為第一佛子八一以羅三摩訶薩又作是以心念為本心多若清淨則能圓滿一切善根

사경의 공덕은 십만억 부처님께 공양한 것과 같은 공덕이 있습니다.

大方廣佛華嚴經 56

盡진	無무	欲욕	向향	成성	耨녹	於어
一일	上상	究구	道도	若약	多다	佛불
切체	菩보	竟경	我아	欲욕	羅라	菩보
世세	提리	佛불	亦역	除제	三삼	提리
界계	何하	菩보	能능	斷단	藐막	必필
行행	以이	提리	得득	一일	三삼	得득
菩보	故고	故고	而이	切체	菩보	自자
薩살	爲위	亦역	我아	取취	提리	在재
行행	滿만	不불	不부	緣연	隨수	欲욕
化화	本본	卽즉	斷단	住주	意의	成성
衆중	願원	證증	爲위	一일	卽즉	阿아

사경의 공덕은 십만억 부처님께 공양한 것과 같은 공덕이 있습니다. 대方廣佛華嚴經

不불	得득	得득	可가		誓서	生생
可가	心심	一일	得득	佛불	願원	故고
得득	不불	切체	菩보	子자	心심	是시
未미	可가	法법	提제	菩보		爲위
來래	得득	不불	不불	薩살		第제
不불	行행	可가	可가	摩마		九구
可가	不불	得득	得득	訶하		如여
得득	可가	衆중	菩보	薩살		金금
現현	得득	生생	薩살	知지		剛강
在재	過과	不불	不불	佛불		大대
不불	去거	可가	可가	不불		乘승

사경의 공덕은 십만억 부처님께 공양한 것과 같은 공덕이 있습니다.

薩살	住주	如여	言언	住주	無무	可가
婆바	而이	理리	住주	甚심	爲위	得득
若약	亦역	住주	無무	深심	不불	一일
心심	不불	解해	二이	住주	可가	切체
不불	捨사	脫탈	住주	寂적	得득	世세
捨사	一일	住주	無무	滅멸	菩보	間간
菩보	切체	涅열	等등	住주	薩살	不불
薩살	大대	槃반	住주	無무	如여	可가
行행	願원	住주	自자	諍쟁	是시	得득
不불	不불	實실	性성	住주	寂적	有유
捨사	捨사	際제	住주	無무	靜정	爲위

사경의 공덕은 십만억 부처님께 공양한 것과 같은 공덕이 있습니다.

皆 개	慈 자	願 원	界 계	不 불	捨 사	敎 교
具 구	悲 비	故 고	何 하	捨 사	調 조	化 화
修 수	心 심	雖 수	以 이	演 연	伏 복	衆 중
行 행	轉 전	復 부	故 고	說 설	衆 중	生 생
於 어	更 갱	了 료	菩 보	諸 제	生 생	不 불
諸 제	增 증	達 달	薩 살	法 법	不 불	捨 사
衆 중	長 장	一 일	摩 마	不 불	捨 사	諸 제
生 생	無 무	切 체	訶 하	捨 사	承 승	波 바
心 심	量 량	法 법	薩 살	莊 장	事 사	羅 라
不 불	功 공	相 상	發 발	嚴 엄	諸 제	蜜 밀
捨 사	德 덕	大 대	大 대	世 세	佛 불	不 불

사경의 공덕은 십만억 부처님께 공양한 것과 같은 공덕이 있습니다.

云운	間간	住주	明명	令령	有유	離리
何하	說설	寂적	照조	彼피	凡범	何하
而이	法법	滅멸	了료	悉실	夫부	以이
捨사	教교	而이	何하	得득	愚우	故고
大대	化화	以이	以이	開개	迷미	一일
悲비	曾증	大대	故고	悟오	不부	切체
又우	無무	悲비	一일	於어	知지	諸제
我아	休휴	心심	切체	諸제	不불	法법
先선	息식	於어	諸제	法법	覺각	皆개
發발	我아	諸제	佛불	性성	我아	無무
廣광	今금	世세	安안	分분	當당	所소

사경의 공덕은 십만억 부처님께 공양한 것과 같은 공덕이 있습니다.

切체	作작	生생	甚심	發발	衆중	大대
衆중	眞진	心심	深심	安안	生생	誓서
生생	實실	發발	智지	住주	心심	願원
無무	語어	於어	慧혜	善선	發발	心심
上상	不불	一일	心심	巧교	積적	發발
大대	虛허	切체	發발	廻회	集집	決결
法법	誑광	衆중	含함	向향	一일	定정
願원	語어	生생	受수	心심	切체	利이
不부	願원	平평	一일	發발	善선	益익
斷단	與여	等등	切체	出출	根근	一일
일	일	心심	衆중	生생	心심	切체

사경의 공덕은 십만억 부처님께 공양한 것과 같은 공덕이 있습니다.

十 십		願 원	悲 비	大 대	得 득	切 체
種 종	佛 불	心 심	是 시	願 원	解 해	諸 제
如 여	子 자		爲 위	未 미	脫 탈	佛 불
金 금	是 시		第 제	滿 만	未 미	種 종
剛 강	爲 위		十 십	云 운	成 성	性 성
大 대	菩 보		如 여	何 하	正 정	今 금
乘 승	薩 살		金 금	而 이	覺 각	一 일
誓 서	摩 마		剛 강	欲 욕	未 미	切 체
願 원	訶 하		大 대	捨 사	具 구	衆 중
心 심	薩 살		乘 승	離 리	佛 불	生 생
若 약	發 발		誓 서	大 대	法 법	未 미

사경의 공덕은 십만억 부처님께 공양한 것과 같은 공덕이 있습니다.

諸菩薩 金剛性 大發佛子 摩訶薩 恭敬 發起
菩薩 安住 無上 菩薩 何等 爲 一切 諸佛 是 又作
此法 則得 如來 大神通 智有 十種 摩訶薩 爲 十 佛子 菩薩 摩訶薩 當 第一 供養 大 如是 諸佛 是 念 我 當 作 是 念 我 當 長養

사경의 공덕은 십만억 부처님께 공양한 것과 같은 공덕이 있습니다.

之 지	切 체	切 체	以 이	切 체	大 대	切 체
受 수	蓋 개	塗 도	一 일	如 여	發 발	菩 보
持 지	一 일	香 향	切 체	來 래	起 기	薩 살
守 수	切 체	一 일	華 화	般 반	又 우	所 소
護 호	幢 당	切 체	一 일	涅 열	作 작	有 유
彼 피	一 일	末 말	切 체	槃 반	是 시	善 선
佛 불	切 체	香 향	鬘 만	後 후	念 념	根 근
正 정	幡 번	一 일	一 일	莊 장	我 아	是 시
法 법	而 이	切 체	切 체	嚴 엄	當 당	爲 위
是 시	供 공	衣 의	香 향	佛 불	於 어	第 제
爲 위	養 양	一 일	一 일	塔 탑	一 일	二 이

사경의 공덕은 십만억 부처님께 공양한 것과 같은 공덕이 있습니다.

起기	嚴엄	諸제	四사	耨녹	敎교	第제
又우	一일	佛불	大대	多다	化화	三삼
作작	切체	國국	發발	羅라	調조	大대
是시	世세	土토	起기	三삼	伏복	發발
念념	界계	無무	又우	藐막	一일	起기
我아	是시	上상	作작	三삼	切체	又우
當당	爲위	莊장	是시	菩보	衆중	作작
發발	第제	嚴엄	念념	提리	生생	是시
大대	五오	而이	我아	是시	令영	念념
悲비	大대	以이	當당	爲위	得득	我아
心심	發발	莊장	以이	第제	阿아	當당

사경의 공덕은 십만억 부처님께 공양한 것과 같은 공덕이 있습니다.

無무	大대	至지	如여	爲위	各각	爲위
量량	發발	不불	是시	一일	盡진	一일
無무	起기	生생	皆개	衆중	未미	衆중
邊변	又우	一일	令령	生생	來래	生생
我아	作작	念념	得득	爲위	際제	於어
當당	是시	疲피	佛불	一일	劫겁	一일
於어	念념	懈해	無무	切체	行행	切체
一일	彼피	是시	上상	衆중	菩보	世세
如여	諸제	爲위	菩보	生생	薩살	界계
來래	如여	第제	提리	悉실	行행	一일
所소	來래	六륙	乃내	亦역	如여	一일

사경의 공덕은 십만억 부처님께 공양한 것과 같은 공덕이 있습니다.

大方廣佛華嚴經

經不思議劫恭敬供養悉亦如於
一如來於一一切如來亦如於
是為第七大發起來來菩薩亦如
訶薩又作是念我當於彼諸如來所
度之後各起七寶塔其量廣高
有舍利起各寶塔其量廣高
與不可說諸世界等造佛形

사경의 공덕은 십만억 부처님께 공양한 것과 같은 공덕이 있습니다.

大대	正정	佛불	心심	而이	以이	像상
發발	法법	故고	爲위	爲위	一일	亦역
起기	開개	爲위	成성	供공	切체	復부
菩보	示시	敎교	就취	養양	寶보	如여
薩살	演연	化화	佛불	不불	幢당	是시
摩마	說설	衆중	法법	生생	旛번	於어
訶하	故고	生생	故고	一일	蓋개	不불
薩살	是시	故고	爲위	念념	香향	可가
又우	爲위	爲위	供공	厭염	華화	思사
作작	第제	護호	養양	倦권	衣의	議의
是시	八팔	持지	諸제	之지	服복	劫겁

사경의 공덕은 십만억 부처님께 공양한 것과 같은 공덕이 있습니다.

念我當以此善根 成就無上菩提得如來入一切諸如來地爲第九與一切大切發起菩薩摩訶薩於一切世念我當成正覺已演說正法示現佛界不可不可思議自在神通身語及

諸	切	故	竟	大	力	意
제	체	고	경	대	력	의
業	衆	證	故	願	所	不
업	중	증	고	원	소	불
所	生	一	達	故	持	生
소	생	일	달	고	지	생
作	悉	切	無	大	故	疲
작	실	체	무	대	고	피
故	不	法	相	慈	爲	倦
고	불	법	상	자	위	권
與	可	皆	法	爲	一	不
여	가	개	법	위	일	불
三	得	寂	故	首	切	離
삼	득	적	고	수	체	리
世	而	滅	住	故	衆	正
세	이	멸	주	고	중	정
佛	亦	故	眞	大	生	法
불	역	고	진	대	생	법
同	不	知	實	悲	勤	以
동	불	지	실	비	근	이
一	違	一	語	究	行	佛
일	위	일	어	구	행	불

사경의 공덕은 십만억 부처님께 공양한 것과 같은 공덕이 있습니다.

種 종		有 유	願 원	滅 멸	達 달	體 체
大 대	佛 불	休 휴	力 력	故 고	諸 제	故 고
發 발	子 자	息 식	調 조	具 구	法 법	周 주
起 기	是 시	是 시	伏 복	足 족	無 무	徧 변
若 약	爲 위	爲 위	衆 중	一 일	相 상	法 법
諸 제	菩 보	第 제	生 생	切 체	故 고	界 계
菩 보	薩 살	十 십	作 작	佛 불	成 성	虛 허
薩 살	摩 마	大 대	大 대	法 법	就 취	空 공
安 안	訶 하	發 발	佛 불	故 고	不 불	界 계
住 주	薩 살	起 기	事 사	以 이	生 생	故 고
此 차	十 십		無 무	大 대	不 불	通 통

사경의 공덕은 십만억 부처님께 공양한 것과 같은 공덕이 있습니다.

大	隨	敬	究		無	法
事	所	供	竟	佛	上	則
專	念	養	大	子	大	不
求	衆	一	事	菩	智	斷
一	生	切	何	薩		菩
切	悉	如	等	摩		薩
佛	能	來	爲	訶		行
法	救	究	十	薩		具
究	護	竟	所	有		足
竟	究	大	謂	十		如
大	竟	事	恭	種		來

사경의 공덕은 십만억 부처님께 공양한 것과 같은 공덕이 있습니다.

事	一	一	一	足	思	事
聞	切	切	切	一	惟	積
持	世	善	菩	切	一	集
一	界	知	薩	誓	切	一
切	諸	識	行	願	佛	切
諸	如	究	究	究	法	善
佛	來	竟	竟	竟	究	根
正	所	大	大	大	竟	究
法	究	事	事	事	大	竟
究	竟	往	奉	成	事	大
竟	大	詣	事	就	滿	事

사경의 공덕은 십만억 부처님께 공양한 것과 같은 공덕이 있습니다.

大方廣佛華嚴經

壞괴	切체	不불		菩보	此차	大대
信신	佛불	壞괴	佛불	提리	法법	事사
於어	不불	信신	子자	大대	則즉	是시
一일	壞괴	何하	菩보	智지	得득	爲위
切체	信신	等등	薩살	慧혜	阿아	十십
聖성	於어	爲위	摩마	究구	耨녹	若약
僧승	一일	十십	訶하	竟경	多다	諸제
不불	切체	所소	薩살	事사	羅라	菩보
壞괴	佛불	謂위	有유		三삼	薩살
信신	法법	於어	十십		藐막	安안
於어	不불	一일	種종		三삼	住주

사경의 공덕은 십만억 부처님께 공양한 것과 같은 공덕이 있습니다.

一	於	恭	信	壞	知	一
切	菩	敬	於	信	識	切
衆	薩	供	一	於	不	菩
生	巧	養	切	一	壞	薩
不	密	一	菩	切	信	不
壞	方	切	薩	菩	於	壞
信	便	諸	行	薩	一	信
是	教	佛	不	大	切	於
爲	化	不	壞	願	衆	一
十	調	壞	信	不	生	切
若	伏	信	於	壞	不	善

사경의 공덕은 십만억 부처님께 공양한 것과 같은 공덕이 있습니다.

前得授等薩無諸
得授記爲摩上菩
授記能十訶大薩
記修隨所薩智安
不廣順謂有慧住
現大起內十不此
前行菩有種壞法
得得薩甚得信則
授授諸深授佛得
記記善解記子諸
因現根得何菩佛

사경의 공덕은 십만억 부처님께 공양한 것과 같은 공덕이 있습니다.

	一	十	切	記	得	自
	일	십	체	기	득	자
佛	切	若	菩	究	授	心
불	체	약	보	구	수	심
子	佛	諸	薩	竟	記	證
자	불	제	살	경	기	증
菩	所	菩	行	一	敎	菩
보	소	보	행	일	교	보
薩	而	薩	自	切	化	提
살	이	살	자	체	화	리
摩	得	安	在	劫	調	得
마	득	안	재	겁	조	득
訶	授	住	得	數	伏	授
하	수	주	득	수	복	수
薩	記	此	授	得	衆	記
살	기	차	수	득	중	기
有		法	記	授	生	成
유		법	기	수	생	성
十		則	是	記	得	就
십		즉	시	기	득	취
種		於	爲	一	授	忍
종		어	위	일	수	인

사경의 공덕은 십만억 부처님께 공양한 것과 같은 공덕이 있습니다.

行 행	別 별	根 근	如 여	所 소	切 체	善 선
如 여	成 성	同 동	是 시	謂 위	善 선	根 근
是 시	就 취	善 선	成 성	以 이	根 근	廻 회
成 성	以 이	知 지	就 취	我 아	悉 실	向 향
就 취	我 아	識 식	莫 막	善 선	皆 개	菩 보
莫 막	善 선	心 심	別 별	根 근	廻 회	薩 살
別 별	根 근	如 여	成 성	同 동	向 향	由 유
成 성	同 동	是 시	就 취	善 선	何 하	此 차
就 취	善 선	成 성	以 이	知 지	等 등	能 능
以 이	知 지	就 취	我 아	識 식	爲 위	以 이
我 아	識 식	莫 막	善 선	願 원	十 십	一 일

사경의 공덕은 십만억 부처님께 공양한 것과 같은 공덕이 있습니다.

別同是就知就善
성동시취지취선
成善成以識莫根
성선성이식막근
就知就我平別同
취지취아평별동
以識莫善等成善
이식막선등성선
我淸別根如就知
아청별근여취지
善淨成同是以識
선정성동시이식
根如就善成我善
근여취선성아선
同是以知就善根
동시이지취선근
善成我識莫根如
선성아식막근여
知就善念別同是
지취선념별동시
識莫根如成善成
식막근여성선성

사경의 공덕은 십만억 부처님께 공양한 것과 같은 공덕이 있습니다.

	此차	成성	善선	成성	我아	所소
佛불	法법	就취	知지	就취	善선	住주
子자	則즉	是시	識식	莫막	根근	如여
菩보	得득	爲위	不불	別별	同동	是시
薩살	無무	十십	壞괴	成성	善선	成성
摩마	上상	若약	如여	就취	知지	就취
訶하	善선	諸제	是시	以이	識식	莫막
薩살	根근	菩보	成성	我아	成성	別별
有유	廻회	薩살	就취	善선	滿만	成성
十십	向향	安안	莫막	根근	如여	就취
種종		住주	別별	同동	是시	以이

사경의 공덕은 십만억 부처님께 공양한 것과 같은 공덕이 있습니다.

言	解	智	慧	得	自	得
언	해	지	혜	득	자	득
音	一	慧	於	智	在	智
음	일	혜	어	지	재	지
善	切	入	一	慧	得	慧
선	체	입	일	혜	득	혜
巧	如	於	切	入	智	何
교	여	어	체	입	지	하
得	來	智	問	如	慧	等
득	래	지	문	여	혜	등
智	於	者	答	來	深	爲
지	어	자	답	래	심	위
慧	一	義	中	無	解	十
혜	일	의	중	무	해	십
深	切	得	能	邊	一	所
심	체	득	능	변	일	소
解	佛	智	斷	智	切	謂
해	불	지	단	지	체	위
於	法	慧	疑	得	佛	於
어	법	혜	의	득	불	어
諸	中	深	得	智	法	施
제	중	심	득	지	법	시

사경의 공덕은 십만억 부처님께 공양한 것과 같은 공덕이 있습니다.

佛所說法甚深入一切如來
菩提入法界聞持一切
可說佛刹得智慧覺一切佛
智慧於一念中悉能覺往詣
智慧成就一菩薩不思議住不
切白淨法獲如來無量智得
佛所種少善根必能滿足得一

量량	十십	發발		切체	若약	種종
無무	所소	無무	佛불	諸제	諸제	莊장
邊변	謂위	量량	子자	佛불	菩보	嚴엄
廣광	於어	無무	菩보	無무	薩살	言언
大대	一일	邊변	薩살	上상	安안	音음
心심	切체	廣광	摩마	現현	住주	得득
觀관	諸제	大대	訶하	證증	此차	智지
一일	佛불	心심	薩살	智지	法법	慧혜
切체	所소	何하	有유		則즉	是시
衆중	發발	等등	十십		得득	爲위
生생	無무	爲위	種종		一일	十십

사경의 공덕은 십만억 부처님께 공양한 것과 같은 공덕이 있습니다.

一	無	心	皆	量	切	界
일	무	심	개	량	체	계
切	量	觀	如	無	刹	發
체	량	관	여	무	찰	발
諸	無	察	虛	邊	一	無
제	무	찰	허	변	일	무
佛	邊	一	空	廣	切	量
불	변	일	공	광	체	량
發	廣	切	發	大	世	無
발	광	체	발	대	세	무
無	大	菩	無	心	一	邊
무	대	보	무	심	일	변
量	心	薩	量	觀	切	廣
량	심	살	량	관	체	광
無	正	廣	無	察	法	大
무	정	광	무	찰	법	대
邊	念	大	邊	一	界	心
변	념	대	변	일	계	심
廣	三	行	廣	切	發	觀
광	삼	행	광	체	발	관
大	世	發	大	法	無	一
대	세	발	대	법	무	일

사경의 공덕은 십만억 부처님께 공양한 것과 같은 공덕이 있습니다.

若약	發발	廣광	一일	刹찰	量량	心심
諸제	無무	大대	切체	發발	無무	觀관
菩보	量량	心심	諸제	無무	邊변	不부
薩살	無무	觀관	佛불	量량	廣광	思사
安안	邊변	察찰	大대	無무	大대	議의
住주	廣광	一일	會회	邊변	心심	諸제
此차	大대	切체	發발	廣광	嚴엄	業업
心심	心심	如여	無무	大대	淨정	果과
則즉	是시	來래	量량	心심	一일	報보
得득	爲위	妙묘	無무	徧변	切체	發발
一일	十십	音음	邊변	入입	佛불	無무

사경의 공덕은 십만억 부처님께 공양한 것과 같은 공덕이 있습니다.

羅尼照明藏知一切法是辯
是正思惟藏知一切法是陀
法是起功德行藏知一切法
伏藏何等為十所謂知一切
佛子菩薩摩訶薩有十種
海佛法無量無邊廣大智慧
切佛法無量無邊廣大智慧

如여	知지	一일	切체	在재	說설	才재
幻환	一일	切체	法법	神신	善선	開개
住주	切체	法법	是시	通통	覺각	演연
藏장	不부	是시	善선	是시	眞진	藏장
知지	思사	常상	巧교	觀관	實실	知지
一일	議의	見견	出출	察찰	藏장	一일
切체	劫겁	一일	生생	示시	知지	切체
諸제	是시	切체	平평	現현	一일	法법
佛불	善선	諸제	等등	藏장	切체	是시
菩보	了료	佛불	藏장	知지	佛불	不불
薩살	皆개	藏장	知지	一일	自자	可가

사경의 공덕은 십만억 부처님께 공양한 것과 같은 공덕이 있습니다.

是若　切調　律佛
發諸　諸　伏　佛儀法
生菩　佛　一子何不
歡薩　無切　菩等生
喜安　上衆　薩為誹
淨住　智生　摩十謗
信此　慧　訶所律
藏法　法　薩謂儀
是則　藏　有於於
為得　　　十　一一
十一　能　悉種　切切

사경의 공덕은 십만억 부처님께 공양한 것과 같은 공덕이 있습니다.

佛一儀愛覺切損
所切於不樂退害
信菩一心生菩衆
樂薩切律憶薩生
心所善儀念道心
不起知於心律律
可尊識一律儀儀
壞重所切儀不修
律恭終聲遠起一
儀敬不聞離一切
於律捨獨一切善

사경의 공덕은 십만억 부처님께 공양한 것과 같은 공덕이 있습니다.

自 재		大 대	諸 제	蜜 밀	悉 실	根 근
在 재	佛 불	智 지	菩 보	皆 개	能 능	皆 개
何 하	子 자	律 율	薩 살	令 령	降 항	令 령
等 등	菩 보	儀 의	安 안	滿 만	伏 복	究 구
爲 위	薩 살		住 주	足 족	律 율	竟 경
十 십	摩 마		此 차	律 율	儀 의	律 율
所 소	訶 하		法 법	儀 의	於 어	儀 의
謂 위	薩 살		則 즉	是 시	一 일	於 어
命 명	有 유		得 득	爲 위	切 체	一 일
自 자	十 십		無 무	十 십	波 바	切 체
在 재	種 종		上 상	若 약	羅 라	魔 마

사경의 공덕은 십만억 부처님께 공양한 것과 같은 공덕이 있습니다.

於	在	故	莊	時	世	一
不	智	資	嚴	受	界	切
可	慧	具	一	報	示	世
說	能	自	切	故	現	界
劫	入	在	世	受	受	見
住	阿	能	界	生	生	佛
壽	僧	以	故	自	故	充
命	祇	無	業	在	解	滿
故	諸	量	自	於	自	故
心	三	莊	在	一	在	願
自	昧	嚴	隨	切	於	自

사경의 공덕은 십만억 부처님께 공양한 것과 같은 공덕이 있습니다.

則즉	是시	現현	法법	神신	覺각	在재
得득	爲위	如여	門문	變변	故고	隨수
圓원	十십	來래	故고	故고	神신	欲욕
滿만	若약	十십	智지	法법	力력	隨수
一일	諸제	力력	自자	自자	自자	時시
切체	菩보	無무	在재	在재	在재	於어
諸제	薩살	畏외	於어	示시	示시	諸제
佛불	安안	成성	念념	現현	現현	刹찰
諸제	住주	正정	念념	無무	一일	中중
波바	此차	覺각	中중	邊변	切체	成성
羅라	法법	故고	示시	諸제	大대	正정

사경의 공덕은 십만억 부처님께 공양한 것과 같은 공덕이 있습니다.

蜜 밀
智 지
慧 혜
神 신
力 력
菩 보
提 리
自 자
在 재

사경의 공덕은 십만억 부처님께 공양한 것과 같은 공덕이 있습니다.

發 願 文

귀의 삼보하옵고

거룩하신 부처님께 발원하옵나이다.

주 소 : _____

전 화 : _____ 불명 : _____ 성명 : _____

불기 25_____년 _____월 _____일